Hans-Herbert Dreiske

Ohne Netz
Gedichte zur Kindheit

Hans-Herbert Dreiske

Ohne Netz
Gedichte zur Kindheit

**mit Illustrationen von
Christa Berger**

Lambertus

Den entscheidenden Anstoß zum Niederschreiben fast aller hier vorliegenden Gedichte habe ich Ingrid Schult zu verdanken, die mich als Poet im Dezember 1985 zu der Fachtagung „Kinderalltag – Kinderkultur – Kindheit" des Paritätischen Bildungswerkes – Bundesverband – e.V. nach Frankfurt einlud.

Hans Herbert Dreiske

Alle Rechte vorbehalten
© 1987, Lambertus-Verlag, Freiburg
Gestaltung und Illustrationen: Christa Berger, Solingen
Herstellung: Franz X. Stückle, Ettenheim
ISBN 3-7841-0340-5

Inhalt

Liebe Friedjo,

ich hatte Dir vor längerer Zeit erzählt, daß ich gebeten worden bin, einen Artikel zum Thema „Wer hat Interesse an Kindern?" zu schreiben. So einfach diese Frage auch klingt, so schwer ist es, sie zu beantworten. Beim Nachdenken über diese Fragestellung blieben meine Gedanken immer an diesem Fragezeichen hängen. Warum gibt es überhaupt diese Fragestellung? Ich war zunächst geneigt, das Fragezeichen einfach wegzunehmen und die Frage klar und deutlich zu beantworten: „Wir haben Interesse an Kindern!" Aber mich überfielen Zweifel. Denn schon ein Blick in die Tageszeitung ruft den Widerspruch zu dieser Antwort hervor. Dann habe ich es andersherum probiert: „Wer hat kein Interesse an Kindern?" Doch auch mit dieser Frage kam ich nicht weiter. Ich fand keine Antworten.

Natürlich hätte ich auch Dir die Frage gerne gestellt: „Wer hat Interesse an Kindern?" Ich nehme an, daß Du sehr schnell eine Antwort auf diese Frage gehabt hättest. Dein Wissen um die Situation der Kinder in unserer Gesellschaft hätte Dir wahrscheinlich eine daten- und faktenreich belegte Antwort ermöglicht. Unangreifbar wäre Deine Position. Damit wäre ich in der Situation, mich mit meinem Zögern und mit meinem Fragen rechtfertigen zu müssen. Ich hätte aber wohl auch da nur halbe Antworten.

Zurück zu meinem Artikel. Ich mußte da ja weiterkommen, einen Weg, eine Antwort finden. Mein nächster Gedanke war dann: Ich werde Frauen und Männer befragen: „Wer hat Interesse an Kindern?" Vielleicht wissen sie Antworten, die ich für meinen Artikel verwenden kann. Ich kann Dir sagen, es war spannend zu beobachten, wie nachdenklich alle Erwachsenen bei dieser Frage wurden. Zunächst war da zumeist eine lange Pause. So einfach und selbstverständlich scheint es nicht zu sein, ohne Zögern und mit Bestimmtheit zu sagen: „Ich habe Interesse an Kindern!" Niemand von den Erwachsenen hat mir diese Antwort geben können. Ich werde Dir ein paar Antworten aufschreiben:

„Meine Kinder sind die Goldperlen in meinem Leben." – „Über diese Frage habe ich noch nicht nachgedacht, meine Frau erzieht die Kinder." – „Der Staat hat Interesse an Kindern, sie sichern unsere Rente." – „Meine Enkelkinder liebe ich. Sie haben es viel besser als meine Kinder in den Nachkriegsjahren." Oder: „Ich möchte keine Kinder haben, sie kosten Zeit, Geld und Kraft." – „Kinder brauchen eine gute Zukunft. Der Mensch braucht mehr Verbundenheit zur Natur." – „Ich wünsche mir viel mehr Unterstützung für Familien mit Kindern." – „Ich habe keine Zeit für Kinder. Die Gesellschaft sorgt für Kinder." – „Kinder stören mich." – „Ich weiß gar nicht, wer Interesse an Kindern haben soll."

Du siehst, es ist auch für andere schwierig, eine Antwort auf diese Frage zu geben. Hat das Fragezeichen nicht doch seine tiefere Berechtigung? Es muß doch einen Sinn geben, warum im Jahre 1986 diese Frage mit dem Fragezeichen gestellt wird. So eindeutig wurde sie in den letzten Jahrhunderten nicht gestellt.

Ist es vielleicht möglich, daß dieses Fragen nach den Bedürfnissen und nach den Interessen von Kindern auf eine gesteigerte Sensibilität und auf ein größeres Einfühlungsvermögen der Erwachsenen zurückgeht? Haben wir in unserer „Zivilisationsgeschichte" einen Schritt nach vorne gemacht und andere Maßstäbe davon entwickelt, was Kinder brauchen? Und wenn es diese Sensibilität denn gibt, geht sie vielleicht zurück auf unser „Sozialisationswissen", auf das Wissen über den Entwicklungsverlauf der Kinder? Oder haben sich weniger die Maßstäbe geändert, die diese Frage nach den Interessen der Kinder provozieren, als vielmehr die realen Bedingungen, unter denen Kinder heute aufwachsen und die ihnen das Leben schwer machen? Und sind diese Bedingungen nicht dennoch größtenteils besser als jene früheren Lebensverhältnisse, die uns die Erforschung der Sozialgeschichte von Kindheit und Familie so plastisch vor Augen führt? Sind es diese „Verbesserungen", die das Fragen nach den Interessen der Kinder haben erlahmen lassen?

Mir fiel in diesem Zusammenhang ein Text von A. de Saint-Exupéry aus seinem Buch „Dem Leben einen Sinn geben" ein: „Und selbst der einfache Schäfer, der seine Schafe unter den Sternen bewacht, weiß, wenn er sich seiner Aufgabe bewußt ist, daß er mehr ist als ein Schäfer. Er ist ein Wachposten. Und jeder Wachposten ist verantwortlich für das Ganze." Das heißt doch, eine einzige Verhaltensweise oder Handlung gegen ein Kind zeigt die Verantwortungslosigkeit gegen das Ganze. Ich kam bei der Anfertigung meines Artikels langsam zu der Erkenntnis, daß die Frage „Wer hat Interesse an Kindern?" etwas mit der Beziehung zwischen Erwachsenen und Kindern zu tun haben muß. Du fragst sicher nach konkreten Anhaltspunkten, die diese These stützen. Ich möchte Dir dazu einfach einige Beobachtungen von mir über das Verhältnis oder auch die Inhalte der Beziehungen zwischen Erwachsenen und Kindern schildern:

Da gibt es einen Schulleiter einer Grundschule in D., der Peters Ohrläppchen regelmäßig bis auf den Fußboden herunterzog. Die Erwachsenen wissen davon.
Da gibt es ein kleines sechsjähriges Mädchen, das in der Stadt W. im Einkaufszentrum regelmäßig um Geld bettelt. Die Erwachsenen wissen davon.

Da gibt es ein Land in Westeuropa, das per Gesetz erst im Jahr 1986 die Prügelstrafe abgeschafft hat. Die Erwachsenen wissen davon.

Da gibt es einen Menschen in der Stadt B., der einem vierjährigen Kind auf offener Straße eine Ohrfeige gab, weil es mit seinem Fahrrad vor seinen Füßen stürzte. Die Erwachsenen wissen davon.

Da gibt es einen Spielplatz in der Stadt D., der von giftigen Pflanzen eingezäunt ist. Die Erwachsenen wissen davon.

Da gibt es ein Gerichtsurteil, daß Hunde bellen und Frösche quaken dürfen, das Lautsein der Kinder aber verboten ist. Die Erwachsenen wissen davon.

Da gibt es einen Kindergarten, in dem auf 35 qm 30 Kinder in einem Raum für sechs Stunden buchstäblich „verwaltet" werden. Die Erwachsenen wissen davon.

Da gibt es einen Mann in der Stadt B., der seit Jahren mit seinem Handstock die Kinder von der Wiese verjagt. Die Erwachsenen wissen davon.

Natürlich denke ich auch nach über die vielen nicht so eindeutigen, auch oft unsichtbaren Verhaltens- und Handlungsweisen von Erwachsenen, die gegen Kinder gerichtet sind — Auswirkungen vielfältiger Wirklichkeiten einer unreflektierten Erwachsenenwelt. Was ich damit meine? Ich denke da an größere gesellschaftspolitische Entwicklungen: Beispielsweise betrug hier in der Großstadt — statistische Zahlen belegen es — im Jahr 1983 der Anteil der ausländischen Kinder an der Zahl der Geburten etwa 42 %. Da stellt sich doch die Frage, was tun Erwachsene, z.B. in der Verwaltung, im Erziehungsbereich, in der Familie, in der Nachbarschaft, daß die Lebensqualität von allen Kindern sichergestellt wird, damit keine Stigmatisierung oder eine Trennung von armen und reichen oder deutschen und nichtdeutschen Kindern geschieht? Ein anderes Beispiel: Seit

Jahren wissen es die Erwachsenen über alle vorhandenen Informationskanäle, aus Forschung und Praxis, daß es viele Kinder gibt, die morgens mit Bauchschmerzen in die Schule gehen, trotz aller Vorschläge und Modellversuche zur Neuordnung von Schulsystemen. Was aber hat sich wirklich verändert, verändert im Interesse von Kindern? Wir könnten gemeinsam sicher noch viele Beispiele zusammentragen. Ich meine aber, ein Beispiel ist schon zuviel, wenn es gegen die Interessen von Kindern geht. Du siehst: Das Fragezeichen hat seine Bedeutung. Und das habe ich in meinem Artikel auch so gesagt und mit Beispielen belegt. Aber damit war meine Frage: „Wer hat Interesse an Kindern?" immer noch nicht beantwortet.

Ich habe es dann nochmals, über einen anderen Weg, versucht, eine Antwort zu finden: „Würde ich als Kind in dieser Erwachsenenwelt leben wollen?" habe ich mich gefragt. Wie steht es da mit Dir: „Möchtest Du Kind in dieser nicht durchschaubaren Erwachsenenwelt sein?". Ich übersehe nicht die guten Beispiele, die positiven Entwicklungen. Aber diese tun den Kindern nicht weh. Der infolge der schlechten Beispiele erlittene Schmerz wird durch dieses Positive nicht beseitigt. Aber wer hat nun Interesse an Kindern? Beim Ausmalen dieser Gedanken fällt mir der Satz von Janusz Korczak ein: „Ich habe diese Grundrechte für Kinder herausgefunden: Das Recht des Kindes auf seinen heutigen Tag, das Recht des Kindes, so zu sein, wie es ist." Eine gewaltige, große Aussage — vor allem wenn wir bedenken, daß er sie „Grundrechte" nannte.

Und bei diesem Nachdenken gerate ich immer wieder, unwillkürlich, auch zur Frage, wie die Erziehung und Beziehung von Erwachsenen zu Kindern unmittelbar nach dem 2. Weltkrieg aufgearbeitet worden ist. Niemand hat sich bei den Kindern von damals, den „Kriegskindern", entschuldigt.

Entschuldigt für die Trauer, den Schmerz, den Hunger, das Leid und das Elend. Du weißt, wir waren die Kinder, die fragend durch die Trümmer streiften, um Nahrung gegen den Hunger zu organisieren. Niemand hat sich entschuldigt bei den Kindern, die heute, 40 Jahre später, die Frage „Wer hat Interesse an Kindern?" beantworten sollen. Fällt es uns vielleicht deshalb so schwer, die Zusammenhänge von Kultur, Erziehung und Bildung neu zu finden? Fehlt uns vielleicht deshalb die Sensibilität für Lebenswelten, in denen Kinder mit all ihren Sinnen und Fähigkeiten den Alltag, die Wirklichkeit der Erwachsenenwelt verstehen und darin mit den positiven Eigenschaften der Neugierde aufwachsen können? Wie haben sich diese Erfahrungen auf die Kinder der „Kriegskinder" , auf die nach dem 2. Weltkrieg geborene Generation, ausgewirkt? Nun gut. Es ist ja nur so ein Gedanke, der mich nicht losläßt. −

Ja, wir sind Geschäftsleute, Rechtsanwälte, Politiker, Forscher, Pädagogen, Soziologen, Psychologen, Künstler, Straßenbahnfahrer, Bergbauleute, Autofahrer, Computerspezialisten, Hebammen, Ärzte, Verwaltungsspezialisten, Polizisten, Hausmeister ... Sind wir mehr als dies? Sind wir nicht doch auch Erwachsene in der Nachbarschaft von Kindern? Ist es deshalb so schwierig, dem Fragezeichen nicht zu mißtrauen? Schon wieder eine Frage! Mittlerweile glaube ich, daß ich das Fragezeichen hinter „Wer hat Interesse an Kindern?" nie loswerde. Siehst Du das auch so? Oder sagst Du vielleicht inzwischen: „Gib es auf, Ingrid, denk' nicht soviel nach!" Ich muß aber nachdenken!

Mehr konnte ich in meinem Artikel jedenfalls nicht sagen. Die eindeutigen Antworten, die ich gerne gehabt hätte, mußte ich mir versagen ...

Sei herzlich gegrüßt
Ingrid

Man sollte Kinder
lehren
ohne Netz
auf einem Seil zu tanzen
bei Nacht allein
unter freiem Himmel zu schlafen
in einem Kahn
auf das offene Meer hinauszurudern

Man sollte sie
lehren
sich Luftschlösser
statt Eigenheime zu erträumen
nirgendwo sonst
als nur im Leben zu Haus zu sein
und in sich selbst
Geborgenheit zu finden

Erinnerungen
sind Erinnerungen
sind nicht das
was war

Was ich aufdecke
sind nur die äußeren Hüllen
der geheimgehaltenen Geschehnisse
meiner Kindheit

Das Innerste
der Geheimnisse
bleibt wohlverwahrt
und uneinsehbar

Die Geschichte meiner Kindheit
ist die Geschichte
der Sprache meiner Kindheit

Manche Worte dieser Sprache
sind verloren gegangen
sind der Sprache verloren gegangen
aber das, was sie geformt haben
ist geblieben
ist mir geblieben

Meine Welt ist die Welt
meiner Sprache
und mein Sprachschicksal
ist mein Schicksal

Die Suche nach Sprache
nach mehr Sprache
nach meiner Sprache
ist die Suche nach mir

Die Suche nach mir aber
ist die Suche nach dem Wort
das am Anfang war

Gewiß war es
von Anfang an da

Aber meine Erinnerung
reicht nur etwa bis zu
jener Zeit zurück
als meine erste Trotzphase
wohl schon hinter mir lag

Damals war es etwas
Ungeteiltes
mich ganz Erfüllendes
fast einer fernen
großen Musik vergleichbar
einem nur undifferenzierbar
wahrnehmbarem Klang
eines Orchesters
einem Rauschen ähnlich

Nach und nach
wurden einzelne Instrumente
hörbar
hell strahlende
und dunkel leuchtende Melodien
stärker und stärker
vernehmbar

Wem hätte ich
es sagen
wie hätte ich
es denn mitteilbar
machen können
was der
sommerliche Abendwind
tat
als er
mein Gesicht
streifte?

Wünsche
Sehnsüchte
Strebungen
aus früher Kindheit
sind mir geblieben

Heute
weiß ich sie
mit dem Kopf
kann sie
beim Namen nennen

Damals
war ich Wunsch
war auch Wissen

Für mich allein
vernehmbar
lacht und weint
ein Kind in mir
freut sich
beim Erwachen
trauert
am Abend

Mir allein
vertraut es sich an

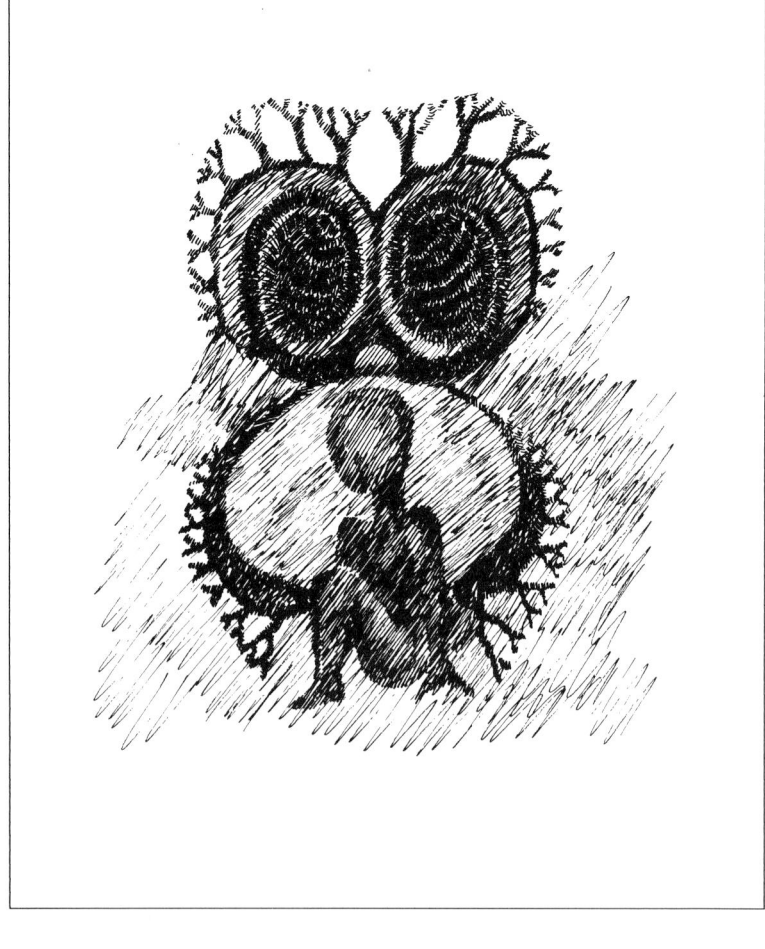

Wer sich seine Kinderseele
bewahrt hat
fällt immer wieder
aus dem Nest
taumelt vom sicheren Baum
auf die Straße
und liegt dann
wie ein kleiner Vogel
der nicht flügge geworden ist
klopfenden Herzens
am Boden

Zuerst der Hinterhof
dann die Straße
die Nebenstraßen
ihre Umgebung
die Gärten
später
das ganze Viertel
der Stadtteil
die Stadt

Immer neue Horizonte
immer die drängende Frage:
Was ist dahinter
was kommt danach?

Wenn ihr Großen
Erwachsenen
acht habt
werdet ihr verstehen
wie
wir Kinder
von euch angesprochen
behandelt
werden möchten

Wir geben euch
ständig offene und
verdeckte Zeichen

Wenn ihr Großen
Erwachsenen
achtgebt
werdet ihr bemerken
daß nicht nur ihr
unser Verhalten lenkt
sondern
daß auch wir euch
hier- und dorthin
führen
daß wir euch oft
unmerklich
verzaubern

Noch geborgen
geschützt
noch völlig eins
im Mutterleib

Was deine Mutter hört
und was sie spricht
das hörst du auch
und hörst sie sprechen

Das erste Wort
das dich nach deiner
ersten großen Trennung trifft
hörst du schon
als Besprochener

Es weist dir
– bejahend
erhellend
verneinend
verdunkelnd –
deinen Weg
ins Leben

Die Seele
eines Kindes
gleicht
einem Seismographen

Sie zeichnet
feinste Schwingungen
auf

Schon
ein Blick
ein Wort
wirken oft lebenslang
nach

So
oder
so

Wieviel Unrecht
Erwachsene Kindern tun
wenn sie denken
unterstellen
Kinder dächten
ihre Gedanken
die Gedanken
der Erwachsenen

Wieviel Unrecht
Erwachsene Kindern tun
wenn sie denken
unterstellen
Kinder dächten
nicht ihre Gedanken
die Gedanken
der Erwachsenen

Wer weiß denn
wohin das kleine Mädchen
gegangen ist

Wer weiß denn
wohin der kleine Junge
wanderte

Wer weiß
woher sie kommen

Traumverloren
gedankenschwer
gehen sie
zukünftige Wege

Niemand weiß
davon
niemand weiß
was sie sehen

Niemand führt sie
an der Hand

Niemand weiß
daß sie manchmal
über bodenlose Tiefen
schweben

Auch Widerstand
zu leisten
müssen Kinder lernen
damit ihnen nicht nur
die innere Emigration
bleibt
mit der so viele
schon früh
zu früh
vertraut sind

Zu früh
zu ausschließlich
lehrt man Kinder
was und wie
sie hören
sehen
fühlen und denken
dürfen

Was würden sie
später
doch alles können
hätten sie nicht
so früh
so viel gelernt

Ich gedenke der Kinder.

Ich gedenke der Kinder
die in Bergwerken und Fabriken
dazu beitrugen und beitragen
daß Deutschland und andere Länder
Industrienationen werden konnten
und können.
Ich gedenke der Kinder
die den Engelmacherinnen
zum Opfer fielen.
Ich gedenke der Kinder
die in den kleinen und großen Kriegen
ihr Leben lassen mußten und täglich
lassen müssen.
Ich gedenke der Kinder
die der Euthanasie zum Opfer fielen
die in den Konzentrationslagern
ihr Leben verloren.
Ich gedenke der Kinder
die in jeder Minute auf dieser Welt
Hungers sterben.
Ich gedenke der Kinder
die durch Terrorakte ihr Leben verloren
und verlieren.
Ich gedenke der Kinder
die nicht als Geschenk
sondern als Last empfunden werden –
der ungeborenen Kinder.
Ich gedenke der Kinder
die mißhandelt oder zu Tode
geprügelt wurden und werden –
der mißbrauchten Kinder.

Ich gedenke der Kinder
die Hand an sich legten und legen.
Ich gedenke der Kinder
die in Heimen, Frauenhäusern
und in Gefängnissen leben
der Kinder in Flüchtlingslagern
und Notunterkünften.
Ich gedenke der Kinder
die wegen einer Behinderung
ihrer Rasse, Nationalität oder
Religionszugehörigkeit benachteiligt
beleidigt und leidend gemacht werden.
Ich gedenke der Kinder
die dem Straßenverkehr
zum Opfer fielen und fallen.
Ich gedenke der Kinder
die schon als Frucht im Mutterleib
durch Atomversuche geschädigt wurden
und werden oder
durch Umweltbelastungen erkranken.
Ich gedenke der Kinder
die durch Drogen- und
Medikamentenmißbrauch zerstört
wurden und werden.
Ich gedenke der Kinder
die sich verkaufen mußten und müssen
die um ihre Kindheit betrogen wurden
und werden.
Ich gedenke der Kinder
die seelisch gebrochen wurden und werden
der mediengeschädigten
der hoffnungs- und illusionslosen Kinder.

Ich gedenke der Kinder.

Ich gestehe, daß das den Kindern zugefügte Leid
meine Vorstellungs-, Denk- und
Fühlkraft übersteigt.

Ich bedenke, daß all dies Furchtbare
den Kindern durch Erwachsene
durch Frauen und Männer
Mütter und Väter
Brüder und Schwestern
geschehen ist und geschieht
durch Menschen
die einmal Kinder waren.

Ich denke, daß dies alles nicht nur
auf das Schuldigwerden
eines jeden einzelnen
zurückzuführen ist
sondern auf das Versagen
der Gesellschaften
ihrer Institutionen, der Politik.

Ich klage die Politiker in aller Welt
der millionenfachen Kindesmißhandlung
und des Kindermordes an.

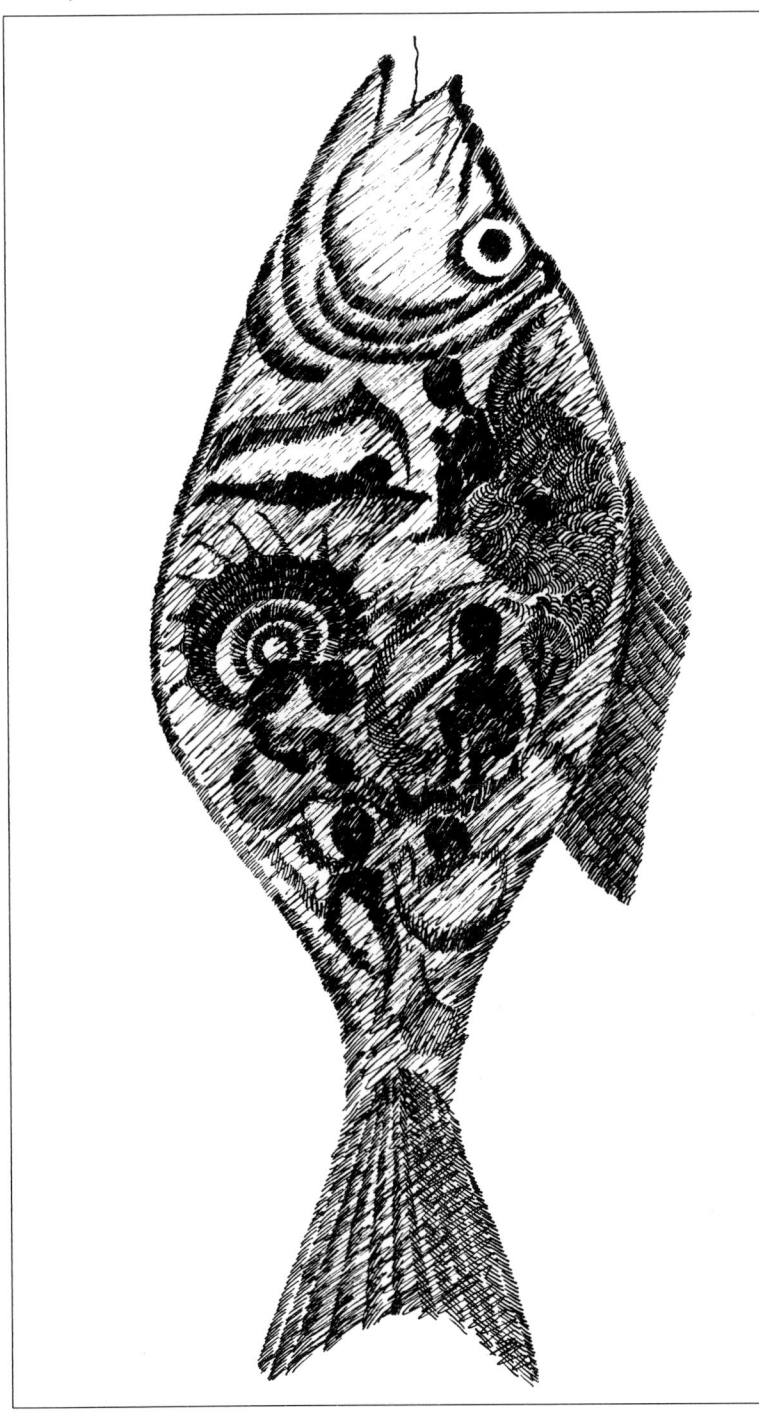

Meine Eltern
sprachen
eine schöne Sprache
eine Sprache
über die der Hauch
einer etwas eigenwilligen Grammatik
lag
die vom norddeutschen Platt
geprägt war

Mutter
die von den Nachbarn
wegen ihrer Sangesfreudigkeit
die Sängerin
genannt wurde
s-tolperte heftig
über den s-pitzen S-tein

Nie wurde sie
laut
sie erzog
mit ihren großen
dunklen Augen
die nicht nur
meinem Bruder und mir
zu schaffen machten

Vater
war ein Paganini
auf der Piccolo-Mundharmonika
Er verabscheute
grobe Wörter und Kraftausdrücke
obwohl er rauhe Töne
vom Bergwerk her gewohnt war
und in jüngeren Jahren
trotz seiner Warmherzigkeit
aufbrausend
fast jähzornig
sein konnte

Meine Eltern
verboten mir nie
ein Wort

Bei entsprechendem Anlaß
sagten sie nur:
Dieses Wort
paßt nicht zu dir

Noch heute spüre ich
beim Aussprechen
mancher Wörter
daß sie mir innerlich
fremd sind
nicht zu mir passen

Ich hatte das Glück
daß ich vieles durfte
was andere mußten

Ganz gewiß
gab es damals
vieles nicht

Mir fehlt aber
jede Erinnerung
darüber
daß mir jemals
etwas gefehlt
hat

Mutter wollte
daß mein Bruder und ich
es schöner haben sollten
als sie es in ihrer Kindheit
hatte

Vater wollte
daß wir
es besser haben sollten
als er es in seiner Kindheit
hatte

aber auch
daß wir
es schöner und besser
haben sollten
in der Zukunft

Zu meiner Verwunderung
habe ich aber beide
nie klagen hören

Oft wurde ich
gefragt:
Was macht
dein Vater?

Gemeint
war nicht:
Wie geht es
deinem Vater?

Er wußte von den Nistplätzen
der Vögel
und erkannte sie hoch am Himmel
an ihrem Flug

Mein Vater erzählte nie
von großen Dingen
wie von Gott und der Ewigkeit
aber Pappel
Birke und Weide
hat er mich
wie meinesgleichen sehen
und jeden Vogelruf
als Anruf
hören gelehrt

Man nannte es
schwarzes Gold
was er da unten schürfte

Trotzdem
sprach er nicht viel
von Stollen und Flözen
aber genug
um zu verstehen
warum er so oft
in der Erinnerung
von der See
dem Teufelsmoor
vom Zirkus
und von Zigeunerlagern
träumte

Ja, ja,
viel Widerspruch
duldete er nicht

Gegessen wurde
was auf den Tisch kam

Einmal schenkte er mir
ein Aquarell
dann eine Geige
auch chinesische Figuren
und Münzen
aus verschiedenen Zeiten
und Ländern
den Elefanten
aus Ebenholz

Ach
diese nutzlosen
so wichtigen Dinge

Vaters Hauerbrief
hebe ich immer noch auf
und darin einen seiner Lohnstreifen
Damals gab es wöchentlich Abschlag
der in manchen Familien
regelmäßig gefeiert wurde

Ich sehe ihn
auf dem Krankenlager
im „Bergmannsheil" in Bochum
liegen

Von seinem Gesicht
waren nur die Augen
und die Mundöffnung zu sehen

Allein der Unterkiefer
war dreimal gebrochen

Seine Finger sahen aus
wie aufgeplatzte Würstchen
als die Verbände abkamen
obwohl sie genäht waren

Er hatte noch einmal
Glück gehabt

Weil wir wußten
daß es auch anders kommen konnte
verabschiedeten wir ihn immer
mit Kuß und Umarmung
wenn er zur Schicht ging
und begrüßten ihn auch so
wenn er zurückkam

Er
hatte die Markennummer
671

Im Dezember 1945
wurde er auf der Schachtanlage 1/2
der Zeche Friedrich der Große
angelegt

1952 erhielt Vater
den Hauerbrief

1974
nur wenige Jahre
nachdem er in Rente gegangen war
ist er gestorben

Bis kurz
vor seinem Ausscheiden
aus dem Arbeitsleben
hatte er
vor Kohle gearbeitet

Mein Vater
hat mir unendlich viel
hinterlassen:

Unter anderem
den Abscheu vor dem Mord
an Karl Liebknecht
und Rosa Luxemburg

Kommunist war er aber
nicht

Wenn ich mich richtig
erinnere
mißtraute er allen
politischen Ideen
mit Absolutheitsanspruch

Mutter schwärmte
nicht nur von Madame Bovary
und Effi Briest
sondern auch von
Anna Karenina

Vater verehrte Dostojewski
empfahl mir aber zunächst
Maxim Gorki
dessen Bücher
„Meine Kindheit" und
„Meine Universitäten"
meinem damaligen Auffassungsvermögen
eher angepaßt waren

Der Dachdeckermeister W.
der trotz seines hoch angesiedelten
Berufes
sehr oft zu tief
ins Glas schaute
und dann gelegentlich
seinen Rausch bei uns zu Hause
in der großen Badewanne ausschlief
tat ein übriges:

Er schenkte mir
als ich elf, zwölf Jahre alt war
die Werke von
Alexander Sergejewitsch Puschkin
die ich zwar las
aber nicht verstand

War ich drei
oder vier Jahre alt?

Ich weiß es
nicht mehr

Für einen Augenblick
– er muß eine Ewigkeit
gedauert haben –
war Mutter in einer großen
dunklen Toreinfahrt
verschwunden

Für mich:
für immer

Später
überfiel mich manchmal
eine ähnliche Angst
ein Gefühl großer Verlassenheit
fast wie damals

Ich mußte lernen:
Alleinsein
ist nicht
Verlassensein

Verließ ich das Haus
um in die Stadt zu gehen
sagte meine Mutter:

Pass' gut auf dich auf
und bringe keine Bücher mit
und dies obwohl sie selbst
nie ohne Bücher sein
konnte

Wir waren zwei
mein Bruder und ich
und Vaters
zwei Arme
waren nicht nur
für die Arbeit
und Mutter da

Er hatte immer auch
einen für meinen Bruder
und einen für mich

Obwohl wir uns
so sehen lassen konnten
wie der Kaufmann
an der Ecke
und einige Nachbarn sagten
ließ mein Vater
vor Schrecken
fast den Blumentopf fallen
den er in der Hand hielt
als er uns sah:

Meine kleine Freundin
und ich
hatten lediglich
unsere Kleider
ausgetauscht

Ich habe nie ganz
aufgehört
den größeren
den großen Bruder
zu suchen

Vielleicht
liegt es daran
daß ich
einen älteren Bruder
hatte

Mein großer Bruder
war wild
ein richtiges Rauhbein
ich war ruhiger
und zurückhaltender

Dennoch befreite ich ihn
von dem älteren Jungen
der ihn zu Boden geworfen hatte
rittlings auf ihm saß
und ihn mit seinen Fäusten
traktierte

Wie stolz ich war
als ich später sagen hörte:
Hast du gesehen
wie der kleine Dreiske
seinen großen Bruder
gerettet hat?

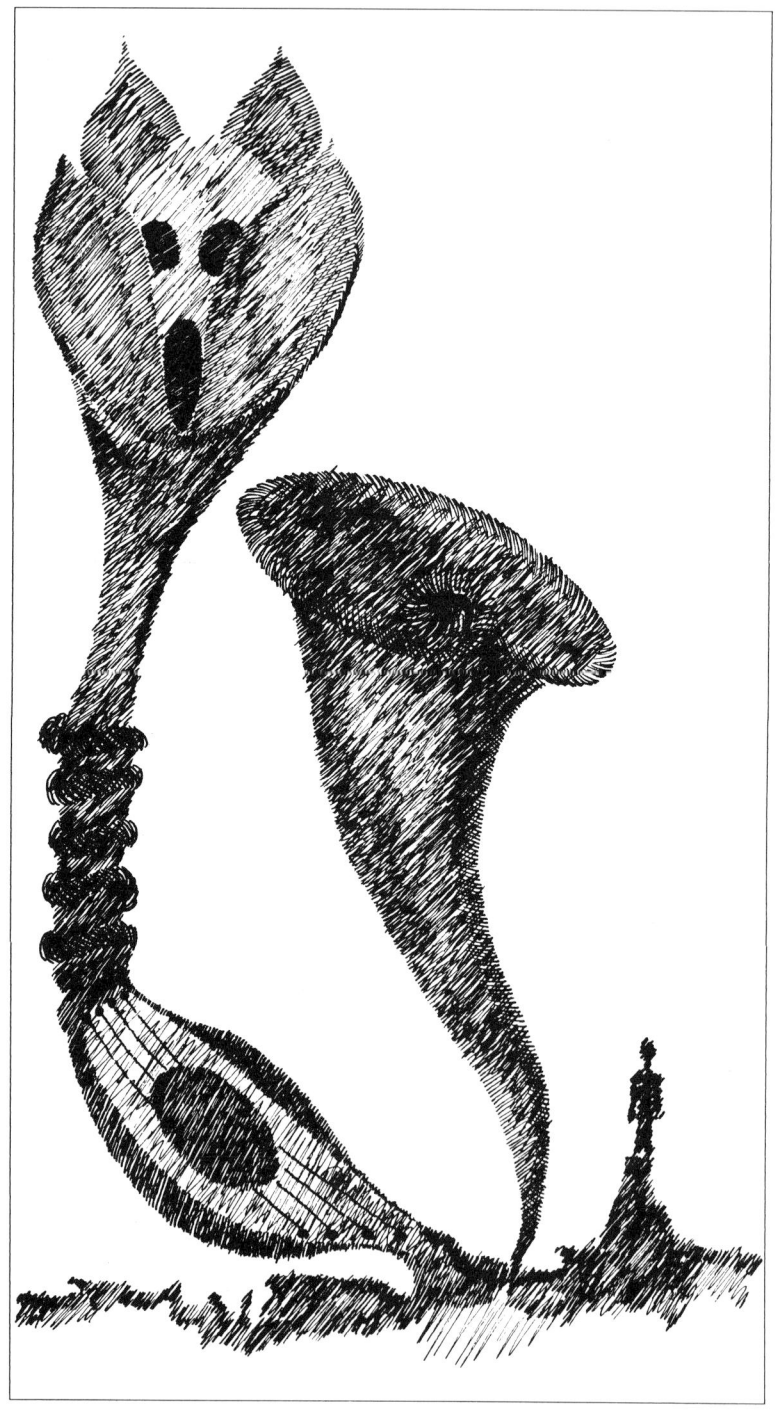

Gitarren- oder
Akkordeonunterricht
wäre ja noch zustimmend
aufgenommen worden

Daß ich aber
mit neun Jahren
Geigenunterricht erhielt
hieß in unserem Viertel
aus der Rolle fallen

Damit war meine Sonderstellung
besiegelt
und der Zugang
zu den „besseren Kreisen"
eröffnet

Ich erinnere mich
noch sehr genau
wie sie an meinem Hals
ruhte
die zierliche
schwarz-braune
mit dem wohlgeformten
Körper

Sie war einem
Modell von Stradivari
nachgebaut
meine erste
kleine Geige

Meine Welt
war früh
mit vielen Gestalten
aus Sagen, Märchen
und der Literatur
bevölkert

Meine Umgebung
war nicht die
in der ich lebte

Dies sollte
noch lange
so bleiben

Wenn Vater mit mir und meinem Bruder
am Sonntagmorgen keinen Waldspaziergang
unternahm
ging ich in die kleine Evangelische Kapelle
zum Kindergottesdienst

Am Nachmittag fand in einem ausgeräumten
Zimmer einer Bergmannswohnung der
Gottesdienst für die Kinder der
Neuapostolischen Gemeinde statt
der von einem Bergmann gestaltet wurde

Niemand verwehrte mir auch dorthin
zu gehen

Als Altar diente ein Tisch
über den eine Decke ausgebreitet war
die ihn ganz verdeckte
Ich habe das Deckenmotiv
Pyramiden und eine vorüberziehende Karawane
nie vergessen:

Immer wieder sah und sehe ich
dieses Bild
begleitete und begleitet mich
die Karawane
begegnete und begegne ich ihr

In den Märchen
aus tausendundeiner Nacht
in den Gedichten
von Omar dem Zeltmacher
in den Schriften des größten Scheichs
Ibn Arabi al Andalus

Ich ging als Kind
in den Palästen
von Bagdad und
Damaskus
ein und aus

Es wunderte mich
nicht
daß man mich
Prinz nannte

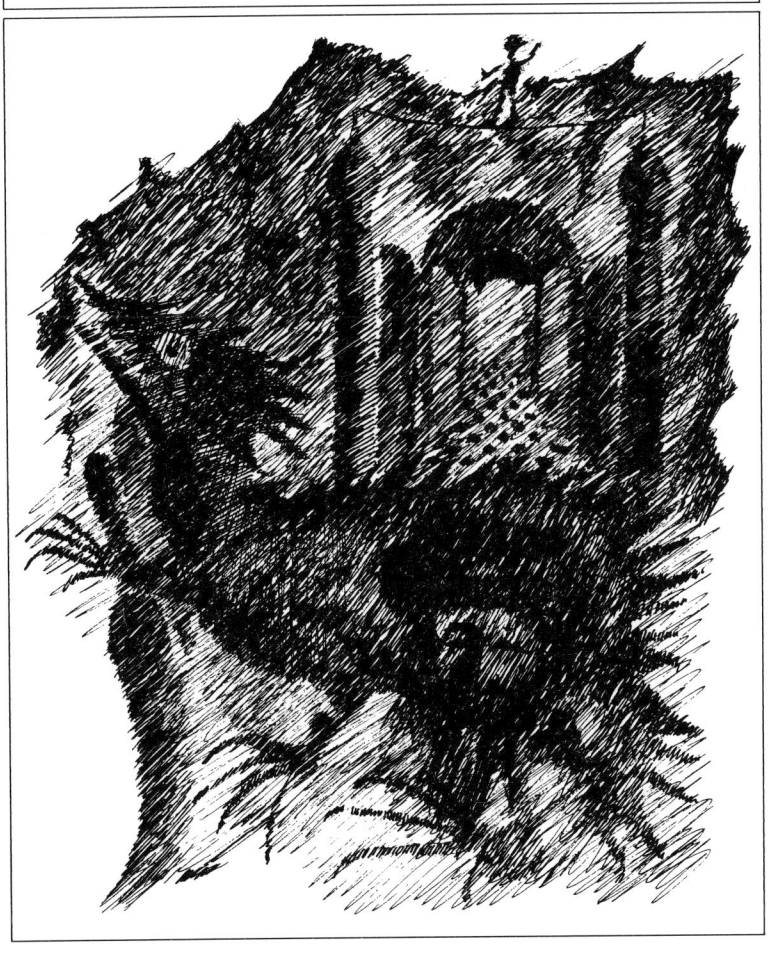

In Isfahan vor der Moschee
am Königsplatz
sah ich einen alten
weißbärtigen Mann
mit einem grünen Turban
auf dem Kopf
in edler Haltung
vom Schimmel steigen

Er schritt zum Mittagsgebet

Ich kannte ihn
seit meiner Kindheit
ich kannte ihn
aus den Geschichten
der Scheherazade

Auf den Flügeln
des Zaubers
den ihre Namen
auf mich ausübten
flog ich als Kind
zu den Dichtern

Später waren es
die starken Schwingen
ihrer Worte
die mich immer wieder
emporhoben

59

Er träumt zu viel
ist ständig irgendwo
anders
sagte die Lehrerin

Ob sie wußte
daß Träumen
nicht der Gegenpol
zum Wach-Sein ist?

Lesen war
Leben
und wie tief
versank ich
in den Büchern
den Geschichten

Wenn ich wieder
auftauchte
war nicht nur ich
auch ringsum
war alles
verändert

Es war nicht einfach
ein Wald oder
der Wald
der das Wasserschloß Bladenhorst
umgab

Es war der Wald
der Märchen und Sagen
später auch
der Eichendorff'sche Wald

Es gab
wirkliche und
imaginäre Gärten

Oft wurden die
imaginären wirklich
und die wirklichen
imaginär

Ich war Gärtner
in diesen und
in jenen Gärten

legte Blumenbeete
Rondelle
Kieselsteinwege
an

Alles aus
bunten Knöpfen
die Mutters Knopfkasten
für meine Fantasie
bereit hielt

Und setzte Fuß vor Fuß
dem graublau-
blaugrün-
dem türkis-schimmernden
Himmel entgegen
erklomm den Regenbogen
sah das Wolkengebirge
golden umrandet
sah auch schwarze Schatten
träumte sich als Vogel
in die Unendlichkeit
fliegend

Dem Zehnjährigen
sagte der Lehrer:

Es genügt nicht
schöne braune Augen
und schwarze Locken
zu haben
man muß auch rechnen
können

Ob er bedacht hatte
wieviele Sätze
er mit diesem Satz
gesagt
wieviele Botschaften
er auf den Weg
geschickt hatte?

In jener Unterrichtsstunde
forderte unser Lehrer
uns Mitschüler auf
das faule und schmutzige
Geschwisterpaar
fortan zu meiden

Mein erster Weg
führte mich in der Pause
zu den Beiden

Während eines Ausfluges
– mein Schulfreund und ich
liefen Hand in Hand –
warf uns unser junger Lehrer
einen seltsamen Blick zu
den ich mir nicht
zu deuten wußte
und vielleicht darum
nie vergaß

Die sich ungefähr
gegenüberliegenden Gebäude
der evangelischen
und der katholischen Volksschule
begrenzten den für mich damals
unendlich großen Schulhof

In seiner Mitte
verlief eine unsichtbare Grenze
die nur bei Reiterkämpfen
zwischen den evangelischen
und katholischen Schülern
überschritten wurde

Den kleinen Dolch
mit dem Griff
aus Rentiergeweih
– von Vater aus dem Land
der Fjorde mitgebracht –
warf ich heimlich
zum Fenster hinaus
dem Freund
der unten stand
und ihn auffing
am Ende der Ferien
zum Abschied

Es war um 1953
nicht nur auf „Piepenfritz"
in Herne-Horsthausen
zogen die Bergleute
seit ein paar Jahren
die Karre wieder aus dem Dreck

Die Jungen ganzer Abschlußklassen
deren Väter mit fünfundvierzig Jahren
vom Staub kaputt waren
wechselten fast geschlossen
von der Volksschule zum Pütt

Wir lasen
Eduard Mörike und Theodor Storm
in der Schule
Erich Mühsam und Paul Zech
wären nicht nur für uns
sondern auch für die Zukunft
unserer damals noch jungen Republik
besser gewesen

Einer hat damals gesagt:
Erzähle mir
wie das Gras
nach einem Sommerregen
und die feuchten Blätterberge
im Herbst duften
wie du die glatte Kastanie
in deiner Hand
und die schwarze Brombeere
zwischen deinen Lippen fühlst
wie dir Schnee
und Eiszapfen schmecken
wie du am Morgen
die Sonne siehst
und was dir
die hereinbrechende Dunkelheit
am Abend tut

Einer hat diese
wichtigen Fragen gefragt

Wider das Verschwinden der Kindheit

Nicht einmal ein Jahrhundert gönnte unsere Kultur der Sensibilisierung fürs Kindsein. So möchte man jedenfalls behaupten unter Berufung auf die Autorität zweier Bestseller: Ellen Keys „Das Jahrhundert des Kindes"[1] zu Beginn des Jahrhunderts und Neil Postmans vom „Verschwinden der Kindheit"[2] aus unseren Tagen.

Das war's also schon? Während das Abholzen von Waldflächen für den Autobahnbau die Bürger zu Protestmärschen vereint und die Empörung über einen umstrittenen „Aus-Ball" im Tennis die Medien zu Schlagzeilen veranlaßt, registriert man die Verbannung von Kindheit in die Ecke ihrer einstigen Bedeutungslosigkeit höchstens anstandshalber[3], ansonsten aber arg lautlos. Pädagogik, Psychologie und Soziologie scheinen für einen Gegenkampf zu verbraucht.

Ist es die Akademisierung ihrer Sprache, die nur zu oft Verrat am „Untersuchungsgegenstand Kind" begeht? Die Sprache formt das Denken und allmählich karrikieren sich kluge Köpfe selbst, wenn sie in der Exklusivität von Kopf zu Kopf sich über die Bedeutungsschwere des Bauches einig sind, dessen letzten Aufstoßer aber noch mit Pillen gegen Sodbrennen unterdrücken. Oder wenn sie die Bildung des Herzens propagieren, hörbares Klopfen aber schon als eine das Plan-Soll gefährdende Infarktgefahr fürchten.

Im Scheingefecht der Profis nun auch noch Lyrik? Rettung durch Abkehr vom wissenschaftlichen Sprachlevel? Hilfe von der Sprachform „Poesie"? Nicht beim „Fähnlein der sieben Aufrechten" wird man die Lyrik finden. Aber bei den Partisanen: in der Tatkraft des einzelnen, der die Verwundbarkeit nicht scheut, der sich einbringt mit Kopf und Bauch, mutig und einfühlsam, ungeschützt und authentisch.

Es ist Mut, wenn ein Mann, dessen berufliche Position sich dem Rampenlicht einer neugierigen Fachöffentlichkeit ausgesetzt sieht und dem das Alltagsgeschäft alles andere als Freiflugscheine für Paradiesvögel beschert, wenn er sich als Kind öffnet und etwas von dem preisgibt, was sonst nur privatissime in der psychoanalytischen Sitzung wiederbelebt wird oder erst durch den redigierenden Filter von Biografien an die Öffentlichkeit gelangt. Dieser Partisanenmut gegen das „Verschwinden der Kindheit" stellt sich tatsächlich dem Risiko der tödlichen Peinlichkeit. Hans-Herbert Dreiske nimmt die Herausforderung an. Nicht nur, daß er die eigene Kindheit nicht leugnet. Die wiederbelebte Erinnerung gebiert eine Bewußtseinsebene, die das naive Klischee vom „Kind im Manne" übertrifft. In Dreiskes Lyrik verdichtet sie sich in der Schlichtheit und Prägnanz des Ausdrucks zum Symbol: „Wer sich seine Kinderseele / bewahrt hat / fällt immer wieder / aus dem Nest / ... und liegt dann / wie ein kleiner Vogel / der nicht flügge geworden ist / klopfenden Herzens / am Boden."

Von wem erfahren wir Authentisches über die Kindheit? Natürlich von den Kindern. Doch Kinder leben darin und verdolmetschen uns nichts in Erwachsenensprache. Und Erwachsene wiederum können Kinderausdruck nur selten übersetzen, weil man sie die Grammatik und Vokabeln anderer Fremdsprachen lehrte: „Manche Worte dieser Sprache / sind verloren gegangen / sind der Sprache verloren gegangen..." Welches Arsenal an Verstehenstechniken, an Erkenntnisinstrumenten haben wir nicht entwickelt, um „Kinder und Jugendliche besser (zu) verstehen"[4]. Oder können Biografien solche Übersetzungsarbeit leisten, die gegenwärtig den Büchermarkt überschütten? Doch das Kapitel über die eigene Kindheit in den Memoiren des älteren Menschen wird mehr vom Kopf denn vom Bauch geschrieben. In der psychoanalytischen Therapie gelingt vereinzelt ein emotionales Wiederaufleben von Kindheitsempfindungen, doch steht dies – zumindest anfangs – im pathologischen Kontext, immer aber – und zu Recht – auch im Schutz des Intimen[5].

Bleiben Erwachsene im Verstehen der Kindheit letztlich also auf intuitive Glücksfälle oder auf sentimentale Spontananrührungen bei Klassentreffen oder Fotoalbenstunden angewiesen?

Hans-Herbert Dreiske übersetzt eigenes Kindheitserleben mit der Sensibilität des Lyrikers. Er schreibt mit dem Selbstverständnis des Kindes und als ein Erwachsener, der das Trauma des Bewußtwerdens überstand. Der Jüngling in Heinrich von Kleists Weltbetrachtung „Über das Marionettentheater" wird durch Bewußtheit handlungsunfähig. „Mithin müßten wir wieder vom Baum der Erkenntnis essen, um in den Stand der Unschuld zurückzufallen", heißt die Schlußfolgerung bei Kleist[6]. Vielleicht windet sich der Lyriker mit jener Innenschau auf der Bewußtheitsspirale diesem Start- und Zielpunkt wieder zu: „Wünsche / Sehnsüchte / Strebungen / aus früher Kindheit / sind mir geblieben / Heute / weiß ich sie / mit dem Kopf / kann sie / beim Namen nennen ..." Hilft Poesie bei der Überwindung des Bewußtseinsschocks?

Poesie ist keine Psychotherapie. Aber die Therapie kennt Situationen, in denen Menschen zu den Metaphern jener dichteren Sprache greifen, wenn Worte ein Erlebnis nicht wiedergeben können. Ergriffenheit kann sich dann in Textstellen aus Gedichten, Chansons, Zitaten eher verständlich machen, als in der Syntax der Umgangssprache. Und die

Ausdrucksdichte sogenannter „geflügelter Worte" verkommt ja nur deshalb zum Kitsch, weil sie mit Situationen eigensprachlicher Hilflosigkeit einhergeht.

„Worte sind Worte und nicht das, was wirklich ist", klagte eine Jugendliche in der Therapiestunde[7]. Sie litt an der Einengung, die der Schulaufsatz ihr abverlangte, als sie Persönliches sprachlich fassen wollte. In Dreiskes Gedicht „Erinnerungen / sind Erinnerungen / sind nicht das / was war" fühlte sie sich verstanden. Die didaktisch aufbereitete Schulgermanistik (ihre Notwendigkeit sei hiermit nicht abgestritten) hatte die Ausdruckseinsamkeit der Jugendlichen verhärtet. In der Lyrik fand diese Ohnmacht ihr Mitteilungsmedium. Sie fand einen Ausdruckspartner. In der Therapiestunde helfen manchmal Metaphern der Lyrik zu „verwörtern", was als gefühlsmäßiges Erleben da ist. Poesie kann Mittler zwischen Erleben und Ausdruck sein, kann ahnen lassen, was empfunden und gemeint ist. Sie wird so Tür und Tor zu einem besseren Selbst-Verständnis.

Dreiskes Sparsamkeit trifft hier den exemplarischen Kern. Die Alltäglichkeit seiner Kind-Erlebnisse regen zum persönlichen Vergleich an, lassen vereinzelt auch Eigenes wiedererkennen, befördern im Sog seiner Erinnerung das eigene Sich-Erinnern. Der Kampf gegen die Hilflosigkeit im Ausdruck wird so zum Kampf gegen die Beschränktheit des Erlebens, auch des retrospektiven Erlebens. Ein Lyriker regrediert hier in einer psychohygienischen Weise, die animieren kann. Zugleich gewährt die Souveränität der künstlerischen Verarbeitung einen Schutz vor Peinlichkeiten, der auch den teilhabenden Leser miteinbezieht. Die Form nimmt den persönlichen Entäußerungen den Anruch des „Seelen-Striptease". Vielleicht mag unter diesem Schutz auch der Leser, der „Erzieher", sich zur eigenen intimen Rückschau angeregt fühlen. —

Die biografische Erkundung ist aber mehr als die Überwindung einer Versprachlichungsbarriere, mehr als der Kampf gegen das Vergessen. Sie thematisiert in vielfältigen Facetten Inhalte der Pädagogik: Unbekümmertheit und Fröhlichkeit sind die gängigen Gedankenverbindungen zur Kindheit. Dies zu zerstören ist der Tod einer Kultur. Doch den riskiert auch, wer den Ernst von Kindheit leugnet. Viele der hier vorgelegten Gedichte geraten zu einem Plädoyer, diesen Ernst des Kindes wahrzunehmen. Er äußert sich manchmal in der zärtlichen Radikalität des Empfindens, dem die Ohnmacht der Ausdrucksmöglichkeiten gegenübersteht: „Wem hätte ich / es sagen / wie hätte ich / es denn mittelbar / machen können / …" Manchmal erstaunt solcher Ernst mit einer Art Weisheit, die manchen schon verführt hat, „Kindheit" zum Mythos zu machen[8]: „Wenn ihr Großen / Erwachsenen / acht habt / werdet ihr verstehen / … Wir geben euch / ständig offene und / verdeckte Zeichen …"

Zeichen machen Hoffnung. Sie sind Wegweiser auf der Suche „nach dem Wort, das am Anfang war". Sie machen Hoffnung den Erwachsenen, die an ihrer empfundenen Ohnmacht gegenüber der nächsten Generation resignieren, die sich als Erzieher bedeutungslos fühlen und vielleicht auf eigene Kinder verzichten wollen, sei es aus ideologischer Überzeugung oder als Enttäuschungsprophylaxe. Dreiskes Aussagen ermutigen hier mit dem Bekenntnis einer ideologieübergreifenden und immer existenten Kind-Eltern-Beziehung.

Oder fühlen sich die Resignierenden auch darin entlarvt, daß ihre befürchtete Bedeutungslosigkeit letztlich die ins Gegenteil verkehrte Furcht vor ihrem tatsächlichen Machteinfluß sein kann? Es mag sie erschrecken, welch vermeintliche Banalitäten Kinder prägen können: „Schon / ein Blick / ein Wort / wirken oft lebenslang / nach / So / oder /

so", und: „Die Seele / eines Kindes / gleicht / einem Seismographen ..." Beeinflussung ist eben immer da, wo Leben und Beziehung ist. Und es mag den um Bewußtheit Engagierten ängstigen, die Quelle und Steuerbarkeit seines Bedeutungseinflusses nicht erfassen zu können und sich dennoch nach Jahrzehnten diesbezüglich verantworten zu müssen.

Doch vielleicht entlastet auch manchen Übereifrigen die Erkenntnis, daß Persönlichkeit sich aus Wenigem und Einfachem formt: Eine wichtigere Rolle als pädagogische „Förderungsinhalte" nimmt in Dreiskes Gedichten die vorgelebte Gradlinigkeit des Erwachsenen ein. Diese entwaffnende Schlichtheit mag auch den Profis unter den Pädagogen und Psychologen schwer fallen, wenn sie menschliche Entwicklung mit Vorliebe am gesellschaftlichen Links oder Rechts, Oben oder Unten, Katholisch oder Evangelisch festmachen wollen: „Mein Vater erzählte nie / von großen Dingen / wie von Gott und der Ewigkeit ..."

Die Gedichte sind zugleich ein Plädoyer für die Sparsamkeit elterlichen Erzieherverhaltens, wenn es in sich stimmig ist. Es bedarf nicht erst der modischen Fachbegrifflichkeit von „Antipädagogen", um dies als Postulat in den Schriften von Praktikern wie Wissenschaftlern, von August Aichhorn, Hans Zulliger bis hin zu Horst-Eberhard Richter oder Alice Miller[9], Jahrzehnte hindurch wiederzufinden. Die Knappheit des Pädagogischen läßt dem Kind Entdeckerfreiräume; sie darf aber nicht mit Rigidität verwechselt werden. Lebensbejahend wirkt die Entwicklungslinie, die hier spürbar wird: vom Kargen zum Reichen. Nicht im Sinne der strapazierten Tellerwäscherkarriere, aber als Weg zum Zinseszins des Empfindens und Erlebens, zur Potenzierung von Phantasie – zum Kapital der Menschlichkeit: „Ganz gewiß / gab es damals / vieles nicht / Mir fehlt aber / jede

Erinnerung / darüber / daß mir jemals / etwas gefehlt / hat." Wohltuend bestätigt diese Linie, daß hochqualifizierte Lernspiele, erzieherische Förderprogramme, Kindergeburtstagsparties und Vergnügungsparkbesuche vielleicht das Engagement von Eltern bekunden. Mit dem Verstehen der Kinderseele müssen sie aber nichts gemein haben. Das vom Erwachsenen selbst glaubhaft integrierte Regeln- und Freiraumsetzen läßt Eigenständigkeit des Suchens und Empfindens wachsen.

Theoretisch ist es legitim und notwendig zu hinterfragen, ob Dreiskes Harmonie nicht auch Ausdruck eines globalen Verdrängungsprozesses ist, ob denn wirklich alles so schön war und ob denn soviel Kultur und Belesenheit in einem Arbeiterhaushalt überhaupt denkbar war. Den letztgenannten Einwand wird man mit einem Hinweis auf die damals tatsächlich ungewöhnliche Breite der Kulturszene im westdeutschen Industrierevier schnell erledigen. Von Seiten der Gewerkschaften wie der großen Arbeitgeber wurden Lesezirkel, Theatergemeinden, Orchestergesellschaften und Volksbildungsdienste angeboten, deren Niveau schon in den zwanziger Jahren von den städtischen Kulturämtern selbst in späteren Wirtschaftswunderzeiten nicht erreicht wurde[10].

Die Frage nach der Verdrängung aber läßt sich tiefenpsychologisch zu der spitzfindigen Vermutung steigern, ob denn manches nicht genau umgekehrt war, ob die Kratzer am Wunschbild nicht per Idealisierung geschönt wurden. Schließlich: ob nicht eine narzistische Grandiosität sich gezwungen sah, die Ecken und Kanten zu ignorieren? „... Es wunderte mich / nicht / daß man mich Prinz nannte". Nicht allein der Respekt vor des Lyrikers Mut zum intimen Seeleneinblick verbietet es, diesen Aspekt hier weiter zu sezieren. Es wäre auch unsinnig – so als deutete man Träume an sich, ohne Lebenskontext. Antworten können hier nur die

Gedichte – und die liegen vor. Wenn dennoch jemand die Idee der „Verdrängung" im Blick behalten will, so erscheint sie vielleicht aus ganz anderem Grunde wichtig: Sie endlich einmal aus dem Anruch des nur Traumatischen, des nur Gestörten zu befreien. Solange sie sich nicht mit zementierender Zwangsidealisierung verhärtet, kann sie auch sehr wohl Kultur und Kreativität bewegen.

Der Leser wird nach diesem Hintergrund fragen und er sollte ihn sich auch dort in Erinnerung rufen, wo Dreiske es nicht beim biographischen Beleg beläßt und seine Erfahrungen ihm gleichsam Programm werden: „Man sollte Kinder / lehren / ohne Netz / ..." Oder da, wo die Weisheit des Kindes die des Erwachsenen beschämt: „Er träumt zu viel / ... / sagte die Lehrerin / Ob sie wußte / daß Träumen / nicht der Gegenpol / zum Wach-Sein ist?". Die Schlußfolgerungen des Autors sind eindeutig und bestimmt: „Zu früh / zu ausschließlich / lehrt man Kinder / was und wie / sie hören / sehen / fühlen und denken / dürfen...".

Doch es muß sich der enttäuscht sehen, der von Dreiske den abrechnenden Rundumschlag gegen die Erzieher erwartet. Er bahnt den möglichen Projektionswünschen des Lesers hinsichtlich eigener Kindheitserlebnisse kein agressives Fahrwasser. Dreiske hebt in seinen Gedichten nie gegen „falsche Erzieher" an. Mit dieser Milde wird er diejenigen provozieren, die Konsequenz und Entschiedenheit im Generationskampf letztlich nur im selbstfinderischen k.o.-Schlag gelten lassen. „Ein Faustschlag ins Gesicht der Pietät gehört zu den Taten, ohne welche man nicht von der Schürze der Mutter loskommt", schreibt Hermann Hesse[11]. Dreiskes biografischen Motiv-Quellen aber entströmt nicht das „anti", sondern die Wertschätzung für vermeintliche Banalitäten und die menschlichen Selbstverständlichkeiten – auch Schwächen – seiner „Präger". Bei ihm klingt Aussöhnung durch, wenn Reibungspunkte auftauchen. Statt traumatischer Brutstätte werden die Konflikte zu Prüfsteinen von Gelassenheit im Erzieherverhalten und zu Beweisen dafür, daß Warmherzigkeit und Intuition auch im Widerstreit mitschwingen können: „... paß' gut auf dich auf / und bringe keine Bücher mit / und dies obwohl sie (die Mutter) selbst / nie ohne Bücher sein / konnte."

Seinen Kurs zwischen der Bestimmtheit und Eindeutigkeit seiner pädagogischen Schlußfolgerungen und der verständnisvollen und gelassenen Nachsicht gegenüber den „Erziehern" hält Hans-Herbert Dreiske durch, − konsequent und ohne Opportunismus. In psychologischer Terminologie heißt es „Identität der Persönlichkeit", wenn ein Autor bei seiner Sicht und Sprache bleibt. „... / dieses Wort / paßt nicht zu dir / ..." ist ihm in früher Kindheit nahegelegt worden. Sich als Erwachsener erneut dafür zu entscheiden ... − auch das kann einen lyrischen Anwalt zum Radikalen machen.

Und letztendlich sind die Texte von Hans-Herbert Dreiske auch eine Liebeserklärung an eine „heimliche Miterzieherin": die Literatur. „Kinder brauchen Bücher" postuliert Bruno Bettelheim, einer der renommiertesten lebenden Kinderpsychologen in seinem gleichnamigen Buch[12], und mit der Forderung nach einer „Erziehung durch Faszination"[13] erregte in den 70er Jahren der Laien-Pädagoge George B. Leonhard Aufmerksamkeit. Nach Dreiskes Gedichten wird man auch ohne die umfangreiche Fachlektüre das Anliegen dieser Autoren verstanden haben. Erwachsene brauchen in gestörten Beziehungen zum Kind sicherlich auch 'mal den Berater, den Therapeuten, den Pädagogen. Aber im gesunden, prophylaktischen Vorfeld der Beziehung darf man vielleicht auch formulieren: „Erwachsene brauchen Lyrik!"

[1] Ellen Key: Das Jahrhundert des Kindes. Studien. Berlin [9]1905.

[2] Neil Postman: Das Verschwinden der Kindheit. Frankfurt/M. 1983.

[3] Siehe z.B. Christine Heide: Kind in Deutschland. Hamburg 1981; Heinz Hengst u.a., Kindheit als Fiktion. Frankfurt/M. 1981.

[4] Ulrike Petermann: Kinder und Jugendliche besser verstehen. München 1986.

[5] Tilmann Moser: Lehrjahre auf der Couch. Bruchstücke meiner Psychoanalyse. Frankfurt/M. 1976.

[6] Heinrich von Kleist: Über das Marionettentheater. In: Heinrich von Kleist. Werke in einem Band. Hg. von Helmut Sembdner. München [3]1982, S. 807.

[7] Aus der eigenen Jugend-psychotherapeutischen Praxis.

[8] Dieter Lenzen: Mythologie der Kindheit. Die Verewigung des Kindlichen in der Erwachsenenkultur. Reinbek 1985.

[9] August Aichhorn: Erziehungsberatung und Erziehungshilfe. Wiesbaden 1972; Alice Miller: Das Drama des begabten Kindes und die Suche nach dem wahren Selbst. Frankfurt/M. 1979; dies.: Am Anfang war Erziehung. Frankfurt/M. 1983; Horst-Eberhard Richter: Eltern, Kind, Neurose. Psychoanalyse der kindlichen Rolle. Stuttgart [3]1972; Hans Zulliger: Schwierige Kinder. Bern [7]1977.

[10] Gründungsdaten, wie sie aus den Vereinsnamen von Bayer 04 Leverkusen oder Schalke 04 Gelsenkirchen hervorgehen, lassen in ihrer Popularität leicht vergessen, daß die Breite dieser kulturellen Gründerzeit bei weitem nicht nur auf den Sport beschränkt war. Im gleichen Jahr etablierte sich bei Bayer ein Symphonieorchester aus Werksangehörigen, das heute noch aktiver Kulturgestalter ist. Der Bau von Bibliotheken und die Konzertsäle boten nicht nur Werkszugehörigen, Laienspielern, Mandolinen- und Akkordeonmusikanten Heimat, sondern zogen ebenso reisende Literaten und Musiker an. Im Motto „Kultur für Kohle" der nachkriegsgegründeten Recklinghauser Ruhrfestspiele gipfelte noch einmal augenfällig die Besonderheit der von Werktätigen gepflegten westdeutschen Kulturlandschaft jener Jahrzehnte.

[11] Hermann Hesse: Lektüre für Minuten. Hg. von Volker Michels. München 1971, S. 85.

[12] Bruno Bettelheim: Kinder brauchen Bücher. Stuttgart 1982.

[13] George B. Leonhard: Erziehung durch Faszination. München 1971.

Kurzbiographien

Christa Berger, 1948 in Solingen geboren, studierte Grafik-Design. Sie arbeitet freiberuflich als Grafik-Designerin in Solingen.

Hans Herbert Dreiske, 1943 in Bremen geboren, studierte Sozialarbeit und Sozialwissenschaften. Er ist Geschäftsführer eines bundesweiten Dachverbandes der Behindertenhilfe.

Wolfgang Oelsner, 1949 in Opladen geboren, studierte Heilpädagogik und Psychoanalyse. Er lebt als Familienvater in Köln, publiziert und arbeitet als Kinder- und Jugendlichen-Psychotherapeut sowie als Sonderpädagoge.

Ingrid Schult, 1936 in Bad Freienwalde/Oder geboren, studierte Musikpädagogik. Sie ist als Bildungsreferentin in der Erwachsenenbildung in Frankfurt tätig.